Ick wünsk di wat

Miärk di dat!

Ick segge di, för jede Pien
giff't en Middel oder kien!
Wenn't een giff, dann kanns du't wennen,
giff et kien, dann laot't män rennen!

Rainer Schepper

Ick wünsk di wat von düt un dat...

Glückwünske un Riemsels to alle Geliägenheiten
twiärs dör't Jaohr
för Aolt un Junk, för Graut un Klein,
för Dick un Nöchtern, för Famillge un annere Lü,
för Truer un Fier, för Westfaolen un Utlänners.

Met Bellerkes  von Herlinde Held

Verlag Güth + Etscheidt · Wiedenbrück

Illustrationen von
Herlinde Held

1. Auflage 1984

Gesamtherstellung: Mohndruck
Graphische Betriebe GmbH, Gütersloh
Printed in Germany
ISBN 3-922828-09-4

Inschrift an'n Bosen

Wenn de Buer plögt un saiet,
wenn de Jiäger hiägt de Jagd,
in de Stadt sick Rädkes dreihet,
un nao Kinneraugen lacht,
geiht dat Liäben Hand in Hand,
Wuollstand giff't in Stadt un Land!

För den, den düt Book tohäört

Nich, dat du denks, düt wör graut wat!
Et is män enfach platt up Platt,
et dögg för Wiärkeldag un Fier;
von Poesie finns du kin Spier.

Nu snie män nich faorts so Gesichter;
denn ährlick seggt: ick sin kinn Dichter!
Wenn't sick auk riemt, baoll krüs baoll quiär,
so is et doch so wiet nich hiär.

Kanns du wat bruken dann un wann
von düt un dat, dao kümp't up an.
Dann griep män to, un si nich blai;
et lährt sick licht, so een, twee, drei.

Du kanns et ut den Kopp dann seggen,
kanns di't auk in'n Zylinner leggen
un – aohne dat se't miärkt – afliäsen.
Bi mi draffs unner'n Draoht hiär griäsen!

Et is för Jan un alle Mann,
för jedereen, we't bruken kann.
Un geiht di een dermet es laupen,
dann kanns du di't nao eenmaol kaupen.

Dao häff ick wieders nicks üm bi.
De Hauptsak is, et helpet di!
Nu haoll di fucht, un laot di wat,
un haoll di an dat aolle Platt!

I
Ick wünske di

Ick wünske di . . .

Ick wünske di, wenn dat män geiht,
so viell an Schönheit, äs di steiht.
Vör allen Dingen wünsk ick di
en Hiätt, so week äs Haferbrie;
dat kaim mi wunnerschön tomaot,
wör Uolg un Salw up mienen Baort.

Ick wünske di ne Niäs . . .

Ick wünske di ne Niäs, so lank
äs Köster sienen Klockenstrank.
»Woto sall ick de bruken?«
Dann kanns du düftig ruken!
Du rücks den Braoden, ähr he brennt,
versteihs de Lüde, ähr se schennt,
du weeß dat Unglück, ähr't geschüht.
Man rück't, auk wenn man't nao nich süht.

Ick wünske di en Haupen Geld . . .

Ick wünske di en Haupen Geld,
so graut, dat et kineene tellt.
Un för den Wunsk bedanks du di
un döhs den Halfscheid dann för mi.
Dann sin wi beide düftig riek
un staoht us auk so binaoh gliek.
Dat giff kinn'n Nied un giff kinn'n Striet,
un wi häfft Friär för lange Tied.

Ich wünske di en halwen Aort . . .

Ick wünske di en halwen Aort;
denn well den süpp, de mäck sien Waort,
de düch sick nich mähr klein of minn,
den wät so frisk un frie to Sinn,
de legg sien Hiätt sick up de Tung'
un bläöss't harut ut vulle Lung.
De Masken fallt, de Kärl steiht frie
un faort daorup, Frönd, kennt man di.

Ick wünske di ne Liäwerwuorst . . .

Ick wünske di ne Liäwerwuorst
un Braut, un Beer för dienen Duorst,
dann kanns du diene Tiänne bruken,
dann kanns du up dat Buottram ruken,
dann kanns du alle Welt vergiätten
un kanns von Hiätten satt di iätten.

Ick wünske di ne guedde Fahrt . . .

Ick wünske di ne guedde Fahrt!
Stieg in, un blief mi wuoll verwahrt.
Föhr nicks kaputt, un slaop nich in,
gaoh nich to hadde up den Pinn.
Nimm di de Tied un stieg mankst ut
un wisk di üöwer diene Snut.
Un is de Fahrt tolest an'n End,
dann häs du diene Ruh verdennt.

Ick wünske di en guedden Slaop!

Ick wünske di en guedden Slaop!
Gaoh fröh nao'n Bedde äs de Schaop
un äs de Hohner up'n Wiem,
dann geihs du kineen up'n Liem.
Dann draims du sööt un week un sacht,
dann geiht di't guett! Un nu: guett Nacht!

Ick wünske di en Pott vull Brie . . .

Ick wünske di en Pott vull Brie
un söten Sucker auk derbi,
daoto en Liäppel, graut un breet.
Dann iätt du di män ratz in Sweet.
Un schennt de annern nao so dull,
stopp du di män dat Büksken vull.
Denn wat du drin häs, häs du drin.
Dann wät di sacht un smöh to Sinn,
dann büs tofriä un guett torächt,
dann geiht di't erstan nich mähr slächt.

Ick wünske di ne Fliärmus . . .

Ick wünske di ne Fliärmus,
de flügg met di von Hus to Hus,
so ilig, dat man't baoll nich süht,
wildeß de Maon dör Wolken tüht.
Baoll büs di dor, baoll büs du hier,
dann flüggs du hen, dann flüggs du wier.
Un dimstrig is't, man süht di nich,
wildeß de Maon tohöchten stigg.
Wör dat nich es maol ganz wat anners?
Drüm wünsk ick't baoll un wünsk ick't wanners.

Ick wünske di en klaoren Kopp . . .

Ick wünske di en klaoren Kopp,
daobi ne Schüettel Iärftensopp,
dann döhs du ganz maneerlick iätten
un döhs di wiß nich üöwerfriätten;
denn well den klaoren Kopp hät praot,
de häöllt in allen Dagen Maot.

Ick wünske di ne Masse Glück . . .

Ick wünske di ne Masse Glück
dat naigste Maol, wenn du wier dick.
Dat du nich in de Gauske liggs
un nich up früemde Träppen stiggs,
dat du Krakeihl nich mäcks un Striet
un nich to liggen kümps in Schiet,
dat di nicks in de Bückse geiht,
wenn alle Welt sick vör di dreiht.
Ick weet nich, of du dat begripps. –
Dat beste is, wenn du nich süpps!

Ick wünske di to alle Tied . . .

Ick wünske di to alle Tied
Gesundheit, Arbeit, Geld un Fliet,
daotüsken mankst ne Unnerstunn,
friätt di nich vüllig äs ne Tunn,
blief leiwer äs de Dannen sind,
so rank un swank in'n Fröhjaohrswind.
Un is de Fieraobend dao,
dann drink di es en Snäpsken klaor.
Besup di nich; nich knüppeldick,
dat hät kinn'n Zweck un hät kinn Schick.

Ick wünsk di alltied heele Knuocken . . .

Ick wünsk di alltied heele Knuocken.
Un häs du se di doch es bruocken,
dao geihste faorts nao nich von rips.
Häff män Geduld, legg di in Gips,
günn di es Ruh, un denk dien Deel,
dann wät de Schuocken wier heel,

dann geiht't wier üöwer Stock un Steen.
Doch biätter is't du bräcks kinn Been
un bliffs auk süss to jede Stund
an Hiätt un Siäll un Lief gesund.

Ick wünsk di, dat dat Water flütt . . .

Ick wünsk di, dat dat Water flütt,
dat di nich es de Bückse ritt,
dat di kinn Knaup ut't Knauplock ritt,
kinn Vuegel up de Kappe schitt,
dat di de Luft nicht geiht von't Rad,
kinn Glatt-Is ligg up dienen Patt,
kinn Iegel in dien Bedde krüpp,
kinn Müsken fällt in diene Düpp,
kinn Nagel sitt in dienen Schoh,
kinn Mottentüüg in'n Paleto,
kinn Bandwuorm in'n Diärmenstrank,
in diene Wuohnunk kinn Gestank
un in dien Köppken kinne Flusen,
dann lött sick alltied met di husen.

Ick wünske di, dat't alltied klappt . . .

Ick wünske di, dat't alltied klappt,
wenn eene Düör in't Slott insnappt,
wo fröher mankst en Hiätt in satt.
Du trecks de Bücksen di von't Gatt,
un dat Geschäft geiht glatt un flott,
äs't sick so häört un sieen mott.
Nich bloß wat drin kümp in den Mund
häöllt di lebennig un gesund.
De Fraoge is, wu kümp et drut
von ächterto. – Nu haoll'k de Snut!

Ick wünske di en leiflick Wicht . . .

Ick wünske di en leiflick Wicht,
nett to bekieken von Gesicht
met hauge Buorst un flotte Been.
Doch wünsk ick di dat nich alleen.
Ick wünsk et di, ick wünsk et mi
un alle, de hier laupt vörbi.
Doch daobi, Frönd, auk nich vergiätt
den frohen Sinn, dat trüe Hiätt.
De Schönheit kann't alleen nich maken;
et giff d'r auk nao annere Saken,
up de moß iäben niepen passen,
süss dreiht de Leiwe sick in Hassen.

Von Hiätten wünsk ick di dat Beste

Von Hiätten wünsk ick di dat Beste,
dat Hus vull leiwe nette Gäste,
de düftig drinkt un snabeleert,
de quieket, äs de Swiene geert,
de nich mähr fast un siecker staoht.
Du büs dann glücklick, wenn se gaoht,
un büs nao all den Suus un Bruus
äs wier so rächt bi di to Hus.

Von Hiätten wünsk ick di en Mann

Von Hiätten wünsk ick di en Mann,
de alles, wat he dohn mott, kann.
Dann büs du glücklick un tofriär,
dann häs to alle Tied guett Wiähr.

Von Hiätten wünsk ick di ne Frau

Von Hiätten wünsk ick di ne Frau,
de döht, wat du di wünskes, gau.
Dao kannste alle schönen Saken,
äs di dat ansteiht, faorts met maken.

Von Hiätten wünsk ick ju en Kind . . .

Von Hiätten wünsk ick ju en Kind,
äs man't an kinne Stiär baoll finnt:
verstännig, klook un leif un nett,
anseihnlick, smöde un adrett.

Von Hiätten wünsk ick di en Rüen . . .

Von Hiätten wünsk ick di en Rüen.
De kost't jä nich de mehrsten Stüern.
Doch up dat eene moßte seihn:
up alle Fälle stuobenrein!

Von Hiätten wünsk ick di ne Katt . . .

Von Hiätten wünsk ick di ne Katt,
de frätt nich Blom, de frätt nich Blatt,
de suorgt dervör, dat in dien Hus
nich danzt un gnaget Ratt' un Mus.

Von Hiätten wünsk ick di en Piärd . . .

Von Hiätten wünsk ick di en Piärd
met swanke Gliedder, langen Stiätt,
dat di nich bi den ersten Ritt
motwiällig von den Puckel smitt.

Von Hiätten wünsk ick di ne Koh . . .

Von Hiätten wünsk ick di ne Koh.
Dann häste auk faort Miälk derto.
De is gesund un mäck di stark.
Auk häs dann Buotter, Kaise, Quark.

Von Hiätten wünsk ick di en Swien . . .

Von Hiätten wünsk ick di en Swien,
dat magg nu fett of mager sien.
Un magg't auk manksen äösen, stinken,
et liäwert di derför twee Schinken.

Von Hiätten wünsk ick di ne Siegg . . .

Von Hiätten wünsk ick di ne Siegg,
de päöhlste an de naigste Hiegg,
dor kann se sick dann rächt von Hiätten
ganz gau un ilig satt dann friätten.

II
Twiärs dör de Famillge

Dat Liäben is en langen Patt
et brengt baoll düt un brengt baoll dat,
et giff un nimp di Jaohr up Jaohr,
erst is man junk, dann wät man klaor.

De School fänk an

Marjoh, nu geiht de Schole an,
mott jeder wiesen, wat he kann,
mott düftig liäsen, schrieben, riäcken
un sick dat Köppken mankst terbriäcken.

De Lährer un de Juffer staoht
alltied met Raot un Hölpe praot.
Mankst doht se schennen, mankst auk luoben,
baoll büs du unner, baolle buoben.

Nu doh dien Wiärk män trü met Fliet.
Dann kümms du auk in't Liäben wiet.
En klüftig Köppken, klaoren Sinn
sind allerwächen en Gewinn.

De sett't sick düör, sind gärne seihn,
well de hät, gellt alleen för teihn.
Nu lähr du diene Lex män stramm,
blief män gesund un up den Damm.

Un de Vakanz, de kümp dann wanners.
Dann wät dat Liäben wier anners.

To'n 18. Geburtsdag

Nu büs du achteihn Jaohr un graut
un sitts nich mähr up Moders Schaut.
Un Vader hät nicks mähr to seggen.
Nu geiht't harup den langen steggen,
den schönen frieen Liäbenswägg,
wo jeder siene Drächte drägg.
Dor stött man mankst met sienen Tehn
an düssen of an'n annern Steen,
dor mott man ümmer wier lähern,
süss kann man wisse wull nicks wäern.
Dat alle ligg vör diene Föt.
Bewahr di män en froh Gemöt,
nimm nicks to swaor un nicks to licht,
wies alle Lü en froh Gesicht,
un doh dien Wiärk, so guett, äs't geiht,
dat diene Sak tom besten steiht.
Nimm fast dat Stüer in de Hand,
un wenn du baust, bau nich up Sand!
Stell di bitied up fasten Grund,
haoll Hiätt un Sinn un Lief gesund!
Un mäck dat Liäben Sus un Brus,
vergiätt dann nich dien Ellernhus.
Dor büs du Kind un glücklick west,
dor was so warm un week dat Nest.
Un nu män to! – Un haoll di fucht!
Well gaiwe blaiht, brengt auk viell Frucht!

Tor Verlobunk

De erste Tratt is daohn.
Jue Waort, dat blieff bestaohn.
De Ringe, de ji driäget,
de Leiwe, de ji hiäget,
söllt nümmermähr vergaohn.

Nu is de Rausentied.
De Hiärfst, de is nao wiet.
Un wenn de Stürme bruset
un swatte Wolken suset,
dann bliewet Siet an Siet.

Dat Liäben geiht to tween
viell biätter as alleen,
wenn een den annern hiäget
un beide sick verdriäget.
Nu bauet Steen up Steen.

Tor Hochtied

Häfft sick in Leiw twee Hiätten funnen,
dann is all half dat Liäben wunnen,
dann driäget se dat Swaore beid'
un deelt sick glücklick alle Freid.

Un wocht män, baoll nao't Hochtiedskleedken
klingt all dat erste Weigenleedken.
Dann giff et nieen Sunnenschien,
de heller straohlt äs Hochtiedswien.

Haollt ju nu fast an Hiätt un Hänne,
bis een steiht an sien Liäbensenne.
Gaoht trü den langen Patt in Ähren,
dann kann man würklick grateleeren.

Tor Hochtied

Ne Hochtied is en lustig Fest:
Wat was, dat is dat Beste west.
Nu sall et alltied biätter wäern.
Daomet verdöht man sick up Äern.

Erst geiht't biärgup, dann geiht't biärgaf
ejaol in'n sachten Schüngeldraff.
Wu männigeen hät siecker glaofft,
dat he wat wönn - - un was verkaofft.

De Kinner wasset gau haran,
sind, ähr di ümkicks, Frau un Mann.
Dat Nest is lier'g, de Dag is gries,
dien Haor wät lecht un witt äs Is.

Un wenn di de Pantuffel drückt,
dann fröggs du: »Was ick dann verrückt?«
De Leiwe is all längst vörbi,
un aolt, wat daomols frisk un nie.

Doch siecker is dat alle nich.
Et giff en Glück, dat ümmer stigg,
dat deiper, gräötter, rieker wärt;
dann föhls di warm an dienen Härd.

Dann haollt de beiden trü bineen.
Un ligg an'n Wäg auk Steen an Steen,
se winnt et, un se blieft partuh
sick trü un leif. - Düt wünsk ick ju.

Ne Jungs-Geburt

Nu is he dao, de kleine Mann!
Un luster, wat he kraihen kann,
viell biätter äs en aollen Hahn.
Hät he nu Duorst of is he wahn?

He schreit un schreit met Buuk un Back.
Ick glaif, de krigg wull sein Gerack.
De sett't sick düör, dat is ganz wiß.
Em geiht nicks twiärs un geiht nicks miß.

Wenn he erst up de Beene steiht
un ganz von söwst dör't Liäben geiht,
dann steiht he wisse sienen Mann. –
Wo ick dat nu an seihen kann?

De Augen kiekt so frank un frie,
de Füstkes mäck he stramm daobi,
in siene Stemm ligg Kraft un Fuck.
Un dann: he hät en guedden Sluck!

Ne Wichter-Geburt

Well här dat dacht
un glofft vannacht:
De Stuork hät us en Wichtken bracht,
en Wichtken söt un sacht.

De Aigskes blank
un klaor, Guott Dank!
Un wenn se kraiht, et is en Sank,
en söten, sachten Klank.

Se wäß haran
so gau. Un dann,
up eenmaol söch se sick en Mann.
Dann fänk dat Liäben an.

Dat ligg nao wiet,
dat hät nao Tied.
Erst kümp nao Spiell un kümp nao Fliet
met Lachen, Träönen, Striet.

Doch Moders Hand
vertrut, bekannt,
wiß em den Wäg von Kant to Kant
dör't schöne Kinnerland.

Geburt von Twiessen

Well sick up't Handwiärk guett versteiht,
de süht to, dat he dubbelt naiht;
denn dubbelt naiht, häöllt dubbelt fast,
giff dubbelt Glück un halwe Last.

Wat sick erstan von söwst versteiht:
de eene schreit, de annere kraiht,
de eene süpp, de annere slück,
dann lacht se alle beid vör Glück.

Dann wärt se slaiprig, wärt se dull,
dann makt se sick de Bücksen vull.
Dann wärt se wasket blank un rein,
dann is de erste Tann to seihn.

Dann kümp Verstand, un se wärt graut
un sitt't nich mähr up Moders Schaut.
Un doch, et bliff desölwe Dreih:
Se glieket sick äs Ei up Ei.

Un gaoht se later nao so wiet,
se krieget alls to glieker Tied:
dat Glück, de Hochtied un dat Kind,
un bloß, wiel dat se Twiessen sind.

Mankst geiht de Sak auk wull uteneen;
erst kümp de annere, dann de een.
Se kaimen nich ut't sölwe Ei.
Dann hät en jeder sien Gereih.

Doch is de Wäg auk wiet un lank,
se treckt alltied an eenen Strank.
Dat Glück mögg lang nich unnergaohn.
Se söllt fast up veer Beene staohn!

Tor Sülwerhochtied

Fiefuntwintig Jaohre
sind ne lange Tied.
Sülwern sind de Haore,
un de Wäg was wiet.

Veeruntwintig Kinner
sind nich drut entstaohn.
Dat wör auk en Hinner
un nich to verstaohn!

Dreiuntwintig Blagen
wören auk to viell.
Guott, wat daihn de gnagen;
't wör en grusig Spiell.

Nee, ji häfft et anners
un vernünftig makt,
dat dat Hus nich wanners
ut de Pöste krakt.

Un ji sind nao gaiwe
un nao rächt kuntant,
un in Trü un Leiwe
gaoh ji Hand in Hand.

Tor gollnen Hochtied

Förwaohr, et is ne lange Tied,
so glücklick, schön un swaor:
Ji gaoht dör't Liäben Siet an Siet
vandag all füftig Jaohr!

Un kiekt ji trügg den wieden Wäg,
dann seih ji Beld an Beld,
wu männigeen sien Krüsken drägg,
wu't junge Liäben quellt.

Ji göngen trülick Hand in Hand
den langen Liäbenspatt.
Baoll gonk't dör Lieden, Sturm un Brand,
baoll smöh un liek un glatt.

Un vielle Kinner hät ju dann
de leiwe Här vergunnt.
Äs Blömskes wössen se haran,
so frisk un junk un bunt.

So kuemmt wi alle hier tohaup
un grateleert to't Fest;
denn jue ganze Liäbenslaup
is fromm un glücklick west.

Well füftig Jaohr sien Wiärk bestellt,
so trü un guett äs ji,
de päß in düsse rugge Welt,
de is von Hiätten frie!

Den giff de leiwe Här gewiß
so männig Jäöhrken to;
denn well äs ji so fliedig is,
de bliff auk junk un froh.

Wi alle wünsket Glück un auk
en Klücksken in de Pull,
Aptit, Gesundheit un in'n Rauk
den ganzen Wiemen vull.

Blieft män nao hier ne guedde Tied,
wi laot't ju nao nich wäg.
Un gaoh ji dann up gienne Siet,
dann is de Patt nich stegg.

Tor Scheidunk

Süh an, nu is't so wiet: de beiden,
se laot't sick scheiden.
En buorssen Pott kann man nich flicken;
dat kann'k di wicken.

Se häfft sick lange guett verstaohen.
Dat is vergaohen.
Wat häöllt auk ewig stand up Äern.
Man mott viell lähern.

Alls hät sien' Tied, alls will sick dreihen
un mott verweihen.
De Leiw un Trü häfft flinke Flittken
un haollt kinn bittken.

Nu sin ji wier alle Stunnen
frie un nich bunnen.
Dat Glück bis up den lesten Druoppen
hät sick verkruoppen.

Nu staoh ji wier ganz alleene
up eeg'ne Beene.
Doch finnt sick vlicht auk wier wat anners,
un dat vlicht wanners.

To'n 50. Geburtsdag

De Liäbensledder, haug un breet,
well de so guett to klaien weet
äs du, met diene füftig Jaohr,
den grateleert man gärn förwaohr!

Du steihs nu wanners up de Höcht,
bis för de annern Staff un Löcht.
Du häs dien Wiärk in Trüe daohn,
has alltied dienen Mann wull staohn.

Nu blief gesund, un haoll di fucht,
kümms jä ut guedde Iärss un Tucht.
Dat Aoller ligg in wiede Färn.
Wi kuemmt un grateleert di gärn.

De Wünske sind ganz aohne Tall,
de Freidenleedkes klinget hall.
Wi wünskt viell Sunn un weinig Schatten.
Haoll't Hiätt män junk, dann sall't wull batten.

To'n 65. Geburtsdag

Nu büs du fiefunsäßtig Jaohr.
Nu is de Tied to't Ressen daor.
Nu legg dien Wiärk män ut de Hand.
Du häs wat up de hauge Kant,
häs diene Rente, dien Gerack;
nu liäf de Dage met Gemack!
Haoll Maot in Drinken un in Iätten,
doh auk dat Slaopen nich vergiätten,
gaoh viell spazeeren an de Luft,
nich dor, wo dick de Utpuff pufft.
Nee, gaoh sietaf dör Büsk un Kämpe,
sietaf von Afgas, Smook un Dämpe.

Doch, aohne Arbeit geiht't nich af,
süss is man baolle d'rvon draff.
Well alltied ressen will, de rost't
un steiht nich mähr as Paohl un Post.
Drüm sök di män auk wat to't Wiärken,
wat di nich äösig mäck äs'n Fiärken.
Man mott wat dohn, süss is't nicks wärt.
Dat Gar-nicks-Dohn is ratz verkährt.
Doto büs du auk viell to gaiwe
un häörs nich bi de Dagedeiwe.
So äs wi di all lange kennt,
bliffs du nao lange Tied up'n End
un mäcks di nützlick Dag för Dag.
Du büs von däft'gen aollen Slag,
von guedde Iärss un graden Sinn.
Dat Täömiggaohn wör di to minn.
So steihs du up ne niee Suoll.
Et gaoh di guett! Un haoll di wuoll!

In Pensione

Du häs di plaogt dien ganze Liäben,
deihs trü dien Wiärk dagin, dagut.
Nu is't so wiet, nu draffs di ressen;
drüm stell bisiet so Plog äs Schut.

Bloß, wo du Spaß an häs, to knüspeln,
dat finnt sick wisse ümmerto,
dat döht nich weh, dao driff di gar nicks,
dat döhs du gärn un döhs du froh.

Vandage glitt von diene Schullern,
ne graute, wenn auk leiwe Last.
Nu bis du frie un aohne Suorgen.
Doch blief gesund un junk un fast.

De Hiärfst häöllt praot en rieken Arden,
dat Lauf wät bunt un giäll äs Gold.
De Sunn schinnt warm un hell un kräftig
up Kamp un Wiesk un Hiegg un Holt.

De Winter ligg in wiede Färne.
Gaoh du vergnögt dör all de Pracht,
un frei di dran, un haoll di munter.
An'n Aobend is't nao längst nich Nacht.

80. Geburtsdag

Dat Liäben is en langen Patt,
et brengt baoll düt un brengt baoll dat,
et giff un nimp di Jaohr up Jaohr,
erst is man junk, dann wät man klaor.

Dat Aoller is en eegen Dink.
Wu mannigeen bliff junk un flink,
wu mannigeen wät stuer un stief
un aolt un kaolt an Siäll un Lief.

Wat di bedräpp: dien Hiätt bleef junk.
Dien Aug' bleef klaor, du bleefs in Swunk.
Dat Aoller is jä wull ne Drächt,
doch du kümms guett dermet terächt.

So wünsket wi: blief lange gaiw
un richt un junk. Wi häfft di leif.
Dat Aoller is en rieken Schatt.
Gaoh du nao lang met us den Patt.

To'n 80. Geburtsdag von'n Fraumensk

Se säggen mi ganz klipp un klaor,
du wörs nu würklick achtzig Jaohr.
Ick häff mi dacht: dat is nich waohr!

Düt Aoller süht di kinn Mensk an,
man glöff nich, dat dat sieen kann,
so swank un glatt kümps du haran!

Du denks wull: »Wat sind dat för Saken,
nu will he Kumpelmenten maken.
Dat doht de leigen Mannslü vaken!«

Män of du't glöffs of nich, ick blief
derbi ganz fast un stief,
wat ick di hier vandage schrief:

Du büs so junk äs männig Wicht.
Dat gellt nich bloß för dien Gesicht,
nee, auk dien Hiätt is swank un licht!

So blief nao lang in't Aoller junk,
un mak nao männigen lust'gen Sprunk,
fleit wat up Iärger un up Stunk!

Mak di dat Liäben güllen, schön.
Du büs jä kinne aolle Möhn!
Blief alltied munter, frisk un grön!

Doch haoll di auk in drüge Dök,
treck di es trügg in stille Hök,
un kiek es manksen in de Bök.

Man mott auk manksen sinnig sien.
Laot annere män pinnig sien,
wi willt nao lang nich fünnig sien!

Nu fiert düftig üöwer Maoten,
smiet laoß von Hus un Hiätt de Paorten!
Un dorup kanns du di verlaoten:

Ick wünske di nao vielle Jaohren,
haoll stief den Nacken un de Aohren,
un drink di mankst en Aollen Klaoren!

Dat häöllt di munter, fred un stuer,
verlaot di drup, un dat up Duer.
Dao fraog män jeden aollen Buer.

Nu fiert schön nao aolle Wiese
trotz Politik un Umweltkrise,
de Diske vull met Drank un Spiese!

To'n 90. Geburtsdag

Wu selten is düt hauge Fest.
Well draff so riek un lange liäben?
Laot di vandag en gollnen Kranz
üm diene witten Haore wiäben!

Du steihs in'n güllnen Aobendschien,
hell was de Dag, vull Sunn un Riängen.
Nu legg sick up de late Tied
de Leiwe un Guotts Siängen.

Laat in de Nacht

Laat in de Nacht nao Lampenschien
hät ächten in de stille Heid
dat kleine Hus. Dör de Gardin
fällt matten Glanz. D'rächter steiht

en Krankenbett. Dat Fewer stigg.
De Moder häöllt de heete Hand.
Dat kleine kranke Siällken swigg.
Et draimt all von dat ann're Land.

Laat in de Nacht en Siällken flügg
ut wiede Heid' nao'n Hiemmel to.
Ganz sacht en Alleluja stigg
ut Engelkiällkes klaor un froh.

III

Ick grateleer di auk!
– dör't Jaohr –

Ick segge di, för jede Pien
giff't en Middel oder kien!
Wenn't een giff, dann kanns du't wennen,
giff et kien, dann laot't män rennen!

Valentins-Dag

Ick segge di, up Valentin,
dao mäck sick uese Wichtken fien.
Se krigg viell Blömkes, Stiell an Stiell,
un Blatt an Blatt, so viell, so viell.

De Leiwe is jä doch so graut,
se legg de Blömkes in den Schaut.
Se brenget Glück för't ganze Jaohr.
Un glaif mi, et is siecker waohr!

To'n Namensdag

Ick wünske di to'n Namensdag
Gesundheit, Glück un Üöwerlagg
un Blömkes un daoto Präsentkes
un dat di püüsket vielle Händkes,
un daoto Mülkes aohne Tall
so viell äs Blömkes up den Wall,
un Kaffee, Tarten, Suckerplätzkes,
un wenn du klättkes, drei, veer Lätzkes,
un dat du di nich äösig mäcks
met Kaffeekluck un Sahneklex.
Ick wünske di ne schöne Fier
un üöwer't Jaohr datsölwe wier!

Moders Dag

Du leiwe Mo'er, an düssen Dag
will wi von Hiätten Dank di seggen
un willt di gärne in den Schaut
de schönsten frisken Blomen leggen.

So vielle Jaohre aohne Ruh
daihs du de flied'gen Hänne weggen
un gönks för us so männigen Patt,
so männigen swaoren, männigen steggen.

Un diene leiwe trüe Hand
daih alle Aobend week us decken.
In Suorgen un met frisken Mot
daihs alle Muorgen us wier wecken.

So können wi an diene Siet
dör't siälge Kinnerland hentrecken,
mogg auk de Angst un Nied un Striet
de scharpen blanken Tiänne blecken.

Du bliffs us Moder alle Tied,
daihs us de Leiw in'n Hiätten puotten.
Un gaoht de Wiäge nao so wiet,
dien Hiätt häöllt alltied us ümsluotten.

Vaders Dag

Auk uese Vader brück mankst Smeer,
äs alle Wagens, wenn se krakt.
Up Vaderdag krigg he sien Beer
un drinkt, äs alle Vaders makt.

Dat Vaderwäern is nicht swaor,
doch Vader sien daogieggen wull.
Günn em sien Snäpsken blank un klaor.
Un is he dann en biettken vull,

He süpp sick jä nich stüöttendick.
He weet wull auk vandag sien Maot.
Alls hät sien' Tied un hät sien Schick,
un muorgen steiht he wier praot.

He döht sien Wiärk, so guett he kann,
von muorns bis aobends un nao mähr.
Jau, Vader steiht wull sienen Mann.
Drüm günn em män en lück Plaseer.

Wier ganz gesund

Well krank is, de is to beduern,
he föhlt sick swack un hät viell Pien.
Un wenn't em jukt, mott he sick schuern,
em smäck kinn Braut un smäck kinn Wien.

So Dag un Nacht in't Bedde liggen,
dann wät de Tied verdüwelt lank.
Un is't em slächt, dann mott man spiggen
un föhlt sick daobi dubbelt krank.

Gesundheit is dat ganze Liäben,
un aohne iähr is alls nicks wärt.
Erst well rächt krank is, baoll to't Stiärben,
hät düsse Waohrheit diegger lährt.

Du häs dat alls nu üöwerstaohen
un büs baoll wier ganz gesund,
kanns wier iätten, wier gaohen,
so wätt dat Liäben wier bunt.

Nu haoll di fucht un laot di't smaken,
verhahl di guett, un kuemm wier bi.
Doch laot dat Rennen un dat Braken,
laot't lanksam gaohn un resse di!

De Stress mäck krank, drüm si gelaoten,
alls hät sien' Tied un kümp torächt,
wenn du män Maot häölls. – Üöwer Maoten
häöllt gar nicks stand un döch män slächt.

Wenn een wat woern is

Well eenmaol up de Ledder steiht,
süht to, dat he auk hauge klait.
Un jede Treppe geiht nao buoben,
un well se stigg, de is to luoben.

Auk du bis wier en Träppken höchter.
Et freit sick Frau un Süöhn un Döchter.
Nu häs wier'n biettken mähr to seggen,
kanns en lück mähr up Siete leggen.

Dat kümp di wisse guett to passe,
et stimmt auk biätter met de Kasse.
Doch, laot di't nich in't Köppken stiegen,
dann sall dat Wiärk sick wisse riegen.

Doh trü dien Wiärk an diene Stiär,
blief echt, gerächt, haoll ümmer Friär,
un blief dat, wat du alltied west,
dann geiht dien Wiärk to allerbest.

To't Richtfest

Nu steiht dat Hus bis up dat Dack
met Müern, Kammern, Träpp un Fack;
De Richtkranz weihet sacht in'n Wind.
Nu laot us fiern. De Kluck steiht praot,
de Timmermann, de segg sien Waort,
wenn alle hier versammelt sind.

So'n Hus to bauen is kinn Spiell.
Nu riängt et Wünske üöwerviell
för Glück, Gesundheit, lange Tied.
Wät auk män'n biettken daovon waohr,
dann liäft ji hier so männig Jaohr
un sind de mehrsten Suorgen quiet.

In't niee Hus

Nu steiht dat Hus up fasten Grund,
un ji treckt in. Nu blieft gesund,
un haollt ju munter un kuntant,
un richt't ju in, äs ju dat päß.
Suorgt, dat in'n Gaoren alles wäß
un alles blaiht un brenget Frucht.
Des aobends sitt't bi Lampenlucht
un Kärßenschien gemötlick binnen
un laotet de Gedanken spinnen.
Wo man to Hus in't eegene Hus,
sitt man so wuollig äs ne Mus
in't weeke warme Musenest.
So is't dör alle Tieden west.
Un daoto wünsket wi von Hiätten,
ji söllt dat eene nich vergiätten:
de Friär sall alltied bi ju blieben,
ji drüft em nümmermähr verdrieben;
denn he alleen brengt Glück un Siängen
bi Sunn un Wind un Snei un Riängen.
Vör Deiwe, Blitz un Füer un Brand
bewahr düt Hus Guotts trüe Hand.
Nu wuohnt in Glück un Friär aohn Striet
tohaup up lange, lange Tied.
Drieft nicks to hadde un to bunt,
un haollt ju fucht, un blieft gesund!

In de niee Wuohnunk

Nu sitt't ji warm in't niee Nest.
Dat aolle is nich pössig west.
Wenn dat so is, dann mott man trecken,
söch niee Kanten, niee Ecken.

Nu richtet ju gemötlick in,
un maket alls nao juen Sinn.
Wo man to Hus is, is't em wuoll.
Dat Glück kuemm üöwer jue Suoll.

Dat Glück mögg alltied bi ju blieben!
Dat laot mi seggen un auk schrieben.
Dat Glück von buten un von binnen,
ick mögg et alltied bi ju finnen.

Nu liäft ju in, so äs de Snieggel
Sitt in sien Hüüsken, fett un krieggel.
Wat ju nich päß, dat laot't tobuten.
Woför kann man de Düör versluten?

To'n Führerschien

Du häs den Führerschien, den düern,
un draffs nu ganz alleene stüern.
Doch is de Sake nich so licht;
denn de Verkähr is wahne dicht.
Du glöffs nich, wat d'r föhrt un läöpp:
de een is wahn, de annere släöpp,
de een will rächts, de annere links,
un een sitt faste met sien Dinks.
De Ampels sind baoll raut, baoll grön,
dat Wiähr is baoll slächt, baoll schön,
de Straoten sind baoll natt, baoll drüge,
baoll laupt se haug, baoll laupt se siege.
Un fäöllt de Snei un früß to Is,
dann föhrt se manksen äs nich wies.
Un dann, dat eene laot di seggen:
du moß bi alls nao üöwerleggen,
wat du auk döhs met Foot un Hand,
dat läöpp erst üöwer den Verstand.
Erst nao tweedusend Kilometer,
hetts du nu Karin, Franz of Peter,
dat is een Dohn, ick segge: dann,
ja dann erst läött sick't anners an.
Is de Verstand auk nao so köhl,
dann föhrste lanksam met Geföhl,
bruks nich erst denken düt un dat,
et läöpp von sölwer smöh un glatt.
Dann föhls di siecker un föhrs flott
un döhs auk dat, wat sall un mott.
Un wenn du nao wat sieck'rer büs,
dann geiht de Vörsicht in Verlüß,
dann wärs du röklaus un astrant.
Paß up, dor ligg ne Grabenkant!
Nu büs du gar nich mähr so wiet
von diene erste Unfalltied.

De üöwerstaoh met heele Knuocken,
terbriäck di bloß nich diene Schuocken!
Bedenk: so'n nieen Führerschien
brengt nich bloß Lust, auk manksen Pien!

To't niee Auto

Nu steiht de niee Wagen praot.
Wat is't en Staot!
He is so fix un elegant
un so kuntant.
Nu stieg män in, un föhr män to
met Hü un Ho.
Baoll geiht't met Bremse, baoll met Gas
un mäck viell Spaß.
Doch laot du schön de Pöste staohn;
laot't lanksam gaohn.
Häs to viell Ile ächter't Stüer,
dat kümp di düer.
Doch all to lanksam hät kinn Schick;
dat geiht in't Knick.
Un föhr nich Rüens un Hasen daut,
of klein, of graut.
Un wahr di män för de Polsei,
ganz eenerlei,
of du nu föhrs of parken geihs
un twiärsköppsk steihs.
Dat Supen laot nett ächterwiägs,
dat di nich iärgs!
Un all to möh draffs auk nich sien,
süss släöppste in.
Doh alltied dat, wat man auk draff. –
Un nu föhr af!

Tor Prüfunk

Erst moß du vielle Jaohr di plaogen,
un häs du alles instudeert,
dann kümp tolest dat graute Fraogen.
Man wät in'n Kopp baoll ganz verwehrt.

Wat willt se alle von di wietten,
baoll mähr, äs wat di söwst bewußt.
De Nervens wäert di baoll terrietten.
Kärl, dao vergeiht di doch de Lust.

So lästig is wull kinne Fleige
äs all de Fraogen, wu un wann.
Doch was dat all män half so leige.
Du släögs di düör un ställs din'n Mann.

Nu is dat alle üöwerstaohen;
un wenn't vörbi is, gonk et rask.
Un du häs diene Sak guett daohen
un dat Examen in de Task.

To'n Lottogewinn

Nu häs du graut in't Lotto wunnen,
und wenn du Glück, dat Glück auk funnen.
Wat wuß du met dat Geld nu maken?
De wiede Welt is vull von Saken,
de kann man för düt Geld wull kaupen.
Dao brukste gar nich wiet to laupen.
Man könn villicht auk wull dran denken,
dat Geld män enfach to verschenken;
dat giff dann kinne Last un Suorgen.
Man't kann't för Tinsen auk verbuorgen;
dat giff so allerlei Prozentkes,
de haollt sick guett äs Drüge Endkes.
Du kanns di auk dat Geld verwahren,
ick will es seggen: du kanns sparen.
Dann häs du wat för slächte Tieten.
Män Spargeld döht so sacht verslieten
un smeltet hen äs Snei un Is.
Well enfach spart, de is nicht wies.
Du kanns jä auk, ick will es seggen,
dat Geld in irgendwat anleggen,
tom Bispiell för en nieen Bau.
Villicht auk kanns du alles gau
in dien Geschäftken investeeren,
dann häste nich so viell to wehren.
Vlicht wuß du di auk düftig freien
un wuß den Düwel danzen seihen;
dann laot dat Geld män enfach springen
met Fiern, Danzen, Supen, Singen,
met Luxus, Fraulü un high life.
Vlicht ställt et di bi Nacht en Deif!
Dao weet ick nao en biättern Raot,
un glaif, et is en ährlick Waort:
am allerbesten döhs et mi!
Un glaif män wiß, ick dank et di!

IV
In't Bööksken schriebben

Wat wören dat för schöne Stunnen!
Wi sind tofriä von buobm bis unnen.
Nu häfft daoför auk dusend Dank!
Bi ju wätt em de Tied nich lank!

In't Gästebook

Wat sin wi gärne bi ju west.
Nu müett't wi gaohn to allerlest.
Wi laot't us gärne wier seihen,
nich eenmaol, nee, wull teihnmaol teihn!

*

Wat wören dat för schöne Stunnen!
Wi sind tofriä' von buobm bis unnen.
Nu häfft daoför auk dusend Dank!
Bi ju wätt em de Tied nich lank!

Gemötlick häff wi drunken, giätten,
so viell, et is baoll nich to miätten.
Et freiet sick so Hiätt äs Buuk
an Gastfröndschopp nao aollen Bruuk.

Et häfft sick bi ju – ungeluogen –
de Diske alle binaoh buogen.
Von't Beste gaff't dat Allerbest,
un alle sind tofriä west.

*

Wi danket för de schönen Stünnkes
un sind so vull äs Buottertünnkes.
Doch auk dat Hiätt kamm nich to kuott.
Et was bestguett!

Et is so schön,
wenn in de Früemde
mann finnt ne Stiär,
äs wör man ganz to Hus!
Un föhlt sick wuoll!
Wi fünnen't hier,
de Gäste ut Westfaolen,
un segget Dank.
Vergiätten doh wi't nich:
dat Hus nich un den Wärt
un auk nich jue graute Welt.

Widmungen för dat Book
»Wo kuemmt de kleinen Kinner hiär?«

Liäs es, wo de Piddewitt
alltied bi de Mannslü sitt!

*

Mak di met dien Piemmelken
mankst dien eegen Hiemmelken!

*

Kuemm guett trächte
met dien Gemächte!

*

De Miesmoer un de Piddewitt,
de paßt so guett bineene.
Un wenn dat een in't annere sitt,
dann föhls di nich alleene.

*

Twee Tittkes, en Löcksken, en fröndlick Gesicht,
marjoh, wat büs du en nüdlicke Wicht!

*

Twee Tittkes so rund,
ne nüdlicke Kunt,
en fröndlick Gesicht,
so magg ick di lieden
– un nich bloß von wieden –
du stäödige Wicht!

*

De Musch, de Titt, de Piddewitt,
de häört nu maol to't Liäben.
Un wo dat een of annere sitt,
steiht in düt Bööksken schriebben.

Un steiht di es de Piemmel liek,
dann büs all half in't Hiemmelriek.

*

Si doch kinne Sippeltrin,
un laot den Pippel Pippel sien!

*

Dat leiwe kleine Strüemmelken,
dat is di mankst en Lüemmelken:
et mäck sick graut,
un di wät't ganz binaut.
Doch alls hät siene Tied.
Un baolle is't so wiet:
Man kümp guett trächte
met sien Gemächte.

*

Wo kuemmt de kleinen Kinner hiär?
Un dann de Fraog, wo segg man't iähr?
De Antwaort is nich licht to giebben,
drüm häff'k se in düt Bööksken schriebben.
Nu sett't sick Dusende up't Gatt
un liäst, wu't all so geiht, up Platt.
Dann häfft se't wisse wanners binnen.
Auk du saß wull Plaseer dran finnen.

*

Ji häfft tohaup vör't Altaor staohn.
Nu drüft ji auk nao'n Bedde gaohn
un könnt dor fliedig un auk vaken
versöken, Kinnerkes to maken.
Wu düsse Sake vör sick geiht,
akraot hier in düt Bööksken steiht.

Sprüeckskes för de aolle Müell in Stemmert

De aolle Müell, wat hät se schafft,
de Susewind gaff iähr de Kraft.
Nu müegt de Flittken stille staohn.
Wi willt kommodig sitten gaohn.

*

Sett di derdahl, hier is et Tied;
denn Sweet un Arbeit sind nu wiet.
De aolle Müell hät't Wiärken daohn.
Nu drüft wi drieste sitten gaohn.

*

Von Kaorn to Miäll, von Miäll to Braut,
dat haoll us alltied färn de Naut.
Nu sett di dahl hier up de Bank
un segg de aolle Müelle Dank!

*

De Wind de dreiht de Flittken
un resset sick kinn bittken.
Wi willt us ressen up de Bank.
't is Fieraobend. Guott si Dank!

*

De Wind, de Flittk, de Müellensteen,
de häfft viell wiärket allbineen.
De Fieraobend is d'r nu.
Du aolle Müell, sett di tor Ruh!

*

So was't in guedde aolle Tied:
De aolle Möller un de Wind,
de suorgeden met grauten Fliet
för't Braut för Mann un Frau un Kind.

*

De aolle Müell woor wier nie,
se kick in't Land so frank un frie.
De Flittken dreiht sick sacht un swank.
Wi häfft nao Miäll un Braut. Guott Dank!

Hier steiht de Müell up fasten Grund.
De Flittken dreiht sick fliedig rund.
Un kann se auk kinn Kaorn mähr mahlen.
Wi könnt us nett dor in verhahlen.

*

De aolle Müell is fliedig west.
Nu is et Tied, dat se sick rest't.
Kumm, sett di dahl, de Ruh sall gellen.
Nu laot us düftig wat vertellen!

*

De aolle Müell hät Fieraobend makt,
dat Miäll is all bineene rakt.
Se gaff us Braut so vielle Jaohren.
Krieg di d'rdahl, un drink di'n Klaoren!

*

Ut Kaorn wätt Braut, ut Kaorn wätt Klaoren,
dat wiett't wi all siet Kinnerjaohren.
Wat hät de Müell an Kaorn nich sluocken.
So steiht se fast up iähre Schuocken.

*

De Müell, de Wind, de Möller,
de mahlden us dat Kaorn.
Nu sind se aolt un rest't sick,
dat Dagewiärk is daohn.

*

De Fieraobend is d'r nu.
Du aolle Müell, sett di tor Ruh!
De Flittken müegt nu stille staohn.
Laot't us tohaup en Praohl afslaohn!

*

Du aolle Müell, dat schöne Miäll
häs du us mahlen, witt un giäll.
Nu büs du aolt, aohn Wiärk un Last,
un wi sind gärn bi di to Gast.

V
Dör't ganze Jaohr

»Un wät dat Jaohr auk nao so dull,
mien Bosen un de Schüern sind vull!
Mi päck de Naut ganz wiß nich an.
So arm sin'k dütmaol nao nich dran!«

Mien leiwe Mann, du büs wull klook.
Doch legg man di in't Liekendook,
segg, büs du dann nao jüst so riek?
Du weeß, de Daut mäck alle gliek.

Herlinde Held

Niejaohr

Dat niee Jaohr steiht vör de Düör
met Glück un Unglück in de Hand.
So geiht et nu met glieken Tratt
in't winterwitte Mönsterland.

Mögg em de Här ut sienen Schaut
viell Siängen giebben up den Patt:
för Stadt un Duorp, för Klei un Sand,
den Buernstand un uese Platt!

Jaohr för Jaohr

Ümmerto datsölwe Beld:
ümmerto geiht üm de Welt
Jaohr för Jaohr.

Ümmerto de Mensken stiärft,
alltied wier niee liäft
Jaohr för Jaohr.

Ümmer Hiätten vull von Leed,
Suorgen, wo bloß Guott von weet,
Jaohr för Jaohr.

Ümmer Huoppen nie un Lucht,
Blömkes ümmer frisk un fucht,
Jaohr för Jaohr.

Wiedenkättkes

Winter holl sien Regiment
isig in de kaolle Hand.
He, de kinne Gnaode kennt,
brach den Fuorst in't graoe Land.

Ower wenn he nao so wööst
un so lunig üm sick stött,
met de bleeken Tiänne gneest,
Fröhjaohr hät all Postens sett't.

Kiek, se wenkt em all »Adjüß«!,
lacht em ut, den willen Mann.
Dat he iähr nich rein verfrüß,
honk de Lenz iähr Pelzkes an.

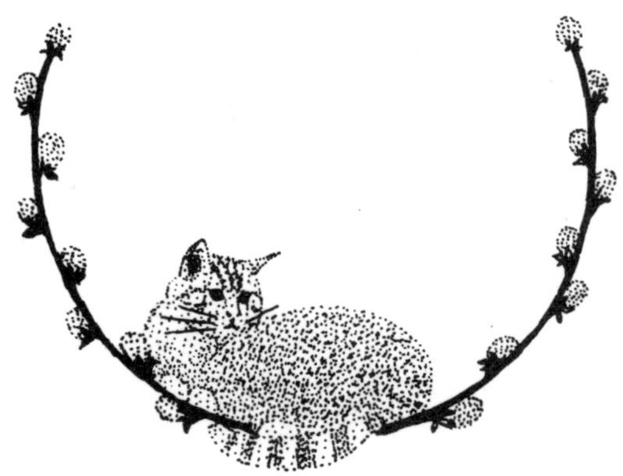

Fröhjaohrsmuorgen

Muorgensunn, so klaor un graut,
stigg ut Niewweldamp un Nacht,
brengt in Gold un Rausengloot
nieen Dag un niee Pracht.

Hänk de Niewwel in de Strüük,
blitzt de Dau äs dusend Stärn.
Un de Hiemmel klaor un blao
lockt harut in wiede Färn.

Deip in't Holt de Straohlen spiellt,
Niewwel krüpp von Baum to Baum,
Sunnengold glaiht grön in't Moos,
un de Busk steiht äs en Draum.

Fröjaohrsdag, so junk un grön,
häs nao Blomenkränz un Gold.
Doch am schönsten bis du doch,
steihs du frisk in't deipe Holt.

Aobend

Güllen steiht in'n Aobendschien
all dat bunte Fröhjaohrsland.
Kann de Sunn dann möde sien?
Gaff doch soviell Glot un Brand.

Doch iähr allerleste Gold
streit se sachte up de Welt.
Alles glämmert, Wiesk un Holt,
un et löcht't nu Busk un Feld.

Gold in Grön sick wierblenkt.
Un de helle Blomenpracht,
de us Guottes Leiwe schenkt,
gnöchelt sacht nao Moder Nacht.

Baoll stigg nu de Maon tohöcht.
Stille ligg de wiede Welt,
Lött in'n Slaop en liesen Söcht,
rest't sick unner't Stärnentelt.

Buers Muorgengebätt

Nu siäng, o Guott, in'n Muorgenschien
dat Wassen un dat Blaihen all,
de Feller, Büske, auk dat Veh
so klein, so graut in mienen Stall.

Siäng düsse Hand, wenn wiet se sait,
siäng' düssen Arm, wenn scharp he maiht,
siäng du dat kaorn in'n köhlen Grund,
den Halm, wenn he in Äöhren steiht.

Siäng uese Wiärk un uesen Hoff,
de Moder an den Füerhärd,
siäng, leiwe Här, den Buernstand;
denn he is dienen Siängen wärt.

Giff Sunn un Riängen, alls met Maot,
siäng uesen Wuollstand hier in't Land,
un nimm dat leiwe Mönsterland
in'n Schutz von diene Vaderhand.

Haoll färn den willen, ruggen Krieg,
haoll färn de Naut un färn den Daut,
giff alle Mensken Ruh un Friä,
un giff iähr alle Miälk un Braut.

In't Gröne

Spann an de Piärde, un harut
geiht rask de Fahrt in't Maienland.
Du leiwe gröne Busk, nu sluut,
sluut ächter us de gröne Wand.
De leige Welt bliff buten.

Wu büs du schön, mien gröne Telt.
Dat Liäben aohne di si saor.
Du aolle Busk büs miene Welt.
De leiwe Sunne schinnt hier klaor
dör helle gröne Ruten.

Maiennacht

Stärnkes blinkt äs glaue Augen.
Alls in Nacht un Niewwel steiht,
bis den Maon deip ut'n Grunne
lanksam haug an'n Hiemmel klait.

Ut sien Häörn von lutter Sülwer
gütt he liese Sülwerdau,
de in Gräs un Blomen funkelt.
Alle Stärnkes kiekt so glau.

Alle Baim sind vull an't Blaihen,
Sülwerdraim in stille Nacht.
Nachtigall singt iähre Wiesen
hell äs Gold dör all de Pracht.

Nacht in'n Mai

Maienblomenpracht
in weeke warme Fröhjaohrsnacht.
Nachtigallenslag
in Blomenbaim alleen is wach.
Un lechten Maonenschien
giff all sien Sülwer lies un fien.
De Biäcke rüüsket,
un lauen Wind de Blömkes püüsket.
't is Fiertied,
de Welt so still un wiet.
Un Guott häöllt Wacht
de heele lange, weeke Nacht.
Un siene Hand
siängt ümmerto dat Blomenland.

Riängendag

Dör de griesen Niewwelwolken
kick de Sunne bleek un swack,
un de Rauk krüpp ut den Schuottsteen
üöwer't natte blanke Dack.

Blömkes laot't de Köppkes hangen,
Vüegelkes swiegt still den langen
griesen natten Dag.
Von den Kiärktaorn Slag up Slag
tellt de Uhr de Dagestied.

Ümmer dichter wät de Riängen,
ut den Pütt krüpp sacht de Nacht.
Alle Stärnkes sind verswunnen
un verlöskt is iähre Pracht.

Riängenwiädder

Brr, wat is't en Riängenwiädder,
un wat riänget dat tobuten.
Luster es, wat rüüskt de Bliädder,
un wat slött et an de Ruten!

Gries de Hiemmel, dick de Druoppen,
alls is natt äs aollen Plunner.
Sunn, wann könnt wi up di huoppen,
wann kicks endlicks du harunner?

Doch so frisk äöhmt all de Wiesken,
un de Busk rück week un smöde.
Is't nich doch wull schön, düt Rüüsken?
Ick sin't lange nao nich möde.

Nu bleiht dat Kaorn

Dör't wiede Feld löpp sacht mien Patt,
de Immen summt iähr Leed.
Mi lacht entgieggen Blom un Blatt.
De Welt steiht in iähr Sunndagskleed. –
Still! – Klockenslag von'n haugen Taorn. –
Nu bleiht dat Kaorn.

En Glämmern ligg up't wiede Feld,
de Äöhren rüsket sacht.
Dor steiht an'n Busk en Hillgenbeld.
De Sunn met iähre Glot un Macht
is sinnig all an't Unnergaohn. –
Nu bleiht dat Kaorn.

Ut stillen Kolk stigg swatt de Nacht,
sprett ut dat swatte Dook.
De Maon häöllt nu de lange Wacht.
De Wind sitt still in sienen Hook.
Dat Dagwiärk is all lange daohn. –
Nu bleiht dat Kaorn.

Aobendstille

De leste Klockenton verweiht.
De Welt is still.
Bloß nao up Stärnenwiäge geiht
de Maon. –
De Welt is still. –
Nu kümp de graute Ewigkeit
ganz sachte üöwer düsse Äer
un Guott, de Här. –
De Welt is still,
äs wenn se nich äs äöhmen will,
äs wenn se bloß still biädden will.

Juni-Nacht

De aolle Stadtmüer stonn so swatt
in'n bleeken Maonenschien.
De Gröfte lanks laip still mien Patt,
de Linnen rüüskden fien.

Mi kamm de aolle, aolle Tied
up eenmaol in de Mööt.
Mien Auge gonk so wiet, so wiet,
still stönnen miene Fööt.

Un dör de Twiege trock nu sacht
en söten Rüeck vörbi.
Ick satt un bleef de heele Nacht.
De Maon stonn dichte bi.

Middagsspook

Summerdag! De Hiemmel lacht.
Wald un Hiegg vull Vuegelsank.
Blomenknöppkes nicket sacht,
wiethiär klinget Klockenklank.
Oder is't en Kuckucksschrei
ächter ut den deipen Brook?
't is wull alls un eenerlei,
't is de erste Middagsspook.

Gaoh den Patt in gröne Büsk
wo de haugen Böcken staoht,
sett di in de helle Wiesk,
laup de lange drüge Straot,
üöwerall kick stumm di an
Middagsruh; kinn Klank is wach.
Bloß von wieden dann un wann
swemmt en Lüden dör den Dag.

Kuckucksroop of Klockenklank?
Süh, nu wegget sick kinn Spier.
Hen un wier Grillensank.
Stille dann. 't is Middagsfier.
Bloß de Sunne geiht den Patt
lanksam üöwer't Hiemmelsrund.
Söwst de Biäck, so blank un natt,
swigg nu still in'n Wieskengrund.

Päck di nich en Schudder an?
Büs verlaoten un alleen.
Wiet un siet kinn Huus, kinn Mann,
Griäser bloß un Baum un Steen. –
Dor, en Quicksken liese knickt!
Alles steiht äs stief un daut.
Bloß de Sunnengloot, de drückt.
't wät mi nu all ganz binaut. –

Häör! Ganz naig de Kuckuck schreit.
Liese weiht en warmen Wind,
un en Wisperstemmken geiht
up de Wiesk, wo Blömkes sind.
Ächtern Tuun dor bölkt ne Koh,
Vüegel fleigt un singet frie.
Leiwe Här, wat sin ick froh!
Middagsspook is nu vörbi!

Summerdag

So haug, so blao dat Hiemmelstelt!
Un Wolkenschäöpkes treckt bi Dag.
De Nacht weiht män met dunkle Flucht,
dann wät dat Muorgenraut wier wach.

De Rausen blaiht in Hiegg un Gaorn.
Met Blomenspiell un Kinnerspiell
juchheit dat wiede Sunnenland. –
Marienblömkes Stiell an Stiell.

Dat giff en lustig Kränzkesbinnen,
dat is de leiwe Summertied!
Un Kinnerhändkes plückt un plückt.
De Wichtkes müett't de Ranken winnen,
de Jüngskes sitt't an iähre Siet
un lustert, of dat Kränzken glückt.

Ick legg mi an den Hieggenwall,
dor blaihet Blömkes aohne Tall.
De Härguott ut den Hiemmelssaal,
he gnöchelt up de Welt hendahl,
streit sienen Siängen üöwerall:
he siängt de Blömkes aohne Tall,
dat friske Gräs, dat hauge Kaorn,
de Müern, Hüser, Kiärk un Taorn.

So siänget he met trüe Hand
dat Menskenwiärk, dat Menskendohn.
He siängt dat Menskenhiätt tolest.
Un dubbelt blaiht dat gröne Land,
de Fierklocke klingt von'n Taorn.
Dat Vüegelken krüpp nu in't Nest.

Dann sinkt de Sunne ächter'n Wall,
de Blömkes slut't de Aigskes all.
Ick ligg nao an de Hieggensiet,
kiek in dat blaoe Hiemmelstelt,
laot nu de Augen wannern wiet
dör'n Aobendschien un üöwer't Feld.
De Schatten stiegt ut Busk un Kolk,
de Sunne sinkt in Gloot un Damp.
Bloß nao dat lust'ge Mietenvolk
danzt dör de Luft dor üöwer'n Kamp.
Dor glämmert week un schüchtrig färn
de Aobendstärn.

Ick gaoh nao Hus, nu guedde Nacht.
Baoll gütt de Maon sien Sülwer dahl.
Dor stigg de Niewwel gries un fahl.
Nu, leiwe Här, haoll du de Wacht!

Dat Gewitter

De Sunn so heet, de Luft so dick.
Dor in'n Grunne stügget sick
de Wolkentäörns so swatt un breet.
Wat steiht so giäll dat riepe Kaorn,
wat steiht so fahl de witte Taorn,
wat drückt de Luft so swaor un heet!

De Sunn wätt blind, de Wolken stiegt.
Alls is nu still, de Griäser swiegt.
Nu schütt met helle Füerflamm
en scharpen Blitz; de Sturm wätt wach,
un faorts d'rnao de erste Krach.
Un buorssen is de Eekenstamm.

Nu kümp de wille Jagd haran,
un gau verkrüpp sick Muus un Mann.
De Füerwagen rull d'rhiär,
met Dunner gaoht de Riäder rund,
un Füer un Water stäött an'n Grund.
Nu siäng, o Guott, de arme Äer!

An'n See

Üöwer den See
ligg Sunnenlucht,
üöwer den See
dor weihet fucht
Wind ut Büske un Biärge,
Wind ut Dannen un Füchten.
Geiht he de luchtlichten Wiäge,
driff he de Wolken to Hüchten,
o, wät dat Hiätt mi dann frie!

Üöwer den See
ligg swatte Nacht,
üöwer den See
dor weihet sacht
Wind ut düstere Färne,
Wind ut Böcken un Eeken.
Ower von buoben de Stärne
gieft allümmer en Teeken:
Guott, he is dichte bi di.

Muorgen

De Welt ligg sacht in weeken Draum,
de Nacht hänk nao in Struuk un Baum.
Dor wiet in'n Außen wätt et wach,
dor treckt haran de niee Dag.
Un lanksam glitt de Nacht hentrügg,
un klaor äs Sülwer wiethen stigg
de helle Dag met Glück un Naut.
Stigg höchter ächter Busk un Kruut.
Dor glaihet all dat Muorgenraut.
Nu stigg de Füerball harut.
Nao in de Wiesk flütt Niewwelfloot,
dann ower drinkt de Sunnenglot
den Dau ut alle Schäölkes ut.
In'n Schatten nao an Blatt un Kruut
hangt Sülwerfünkskes frisk un blank.
De Hiemmel is vull Vuegelsank,
de Äer lacht in'n Sunnenschien.
Dor an de Schüer de wille Wien
glaiht wiethen in dat helle Land,
äs stönn dat aolle Hus in Brand.
De ganze Welt is vull von Friä'!
Dat is de Siängen von Guotts Hand.

Aobendstunn

Dat is de leiwe Aobendstunn,
wenn't weeke Lüftken weihet.
Dann geiht bisiete Moder Sunn,
de nu ganz sacht verglaihet.

Dann swigg de Dag met all sien Wiärk,
de Fierklocke klinget
von't Duorp hiär von de aolle Kiärk. –
De Vüegel nich mähr singet.

Gaoh nu tor Ruh, du möde Hiätt,
laot de Gedanken ilen.
Un wat di twiärs kamm, dat vergiätt.
Nu moß du sacht verwielen.

Trü tohaup

Breet un fast de Buernhoff.
Munter geiht de wille Jagd.
Stadt sitt vull von Uott un Stoff.
Doch auk hier dat Glück nao lacht
in den rasken Liäbenslaup.
Alle staoht se trü tohaup.

De lesten Astern blaiht

De lesten Astern blaiht,
de leste weeke Hiärfstwind weiht,
un de Kaih treckt sinnig
iähre Sülwerspuor
dör dat daunatte Gräs.
De Niendüör steiht wiet,
lött Hiärfst un leste Summertied
in Strauh un Hei un up de Hille krupen.
Vör'n Winter müett't se sick verstiäcken.
Baoll schallt von alle Kiärken
de Allersiällen-Daudenklockenklank;
verfruoren steiht de leste helle Summerdrank.

Aobendruh

Nu schinnt de Maon dör dunkle Twiege,
nu sinkt in Slaop de wiede Welt.
De Niewwel steiht un weihet siege
dor ächten üöwer't Stoppelfeld.

Still steiht de Busk in'n Sülwerriägen,
en liesen Rüeck tüht nu vörbi.
Ick sin up wieden, früemden Wiägen,
de Föte sind mi swaor äs Blie.

Her

Hiärfst

Wenn ick den aollen Patt gaoh
lanks de klaore Biäck,
wenn Hiärfstwind weiht,
legg mi to Föten Blatt up Blatt,
dann sett ick gärn mi dahl
dor up de aolle hölten Bank
un kiek tohöcht,
wo griese Wolken fleigt
wull üöwer't möde Land.
De Bliädder all sind welk,
dat Blaihen is vörbi.
Un ümmer geiht de Wind
dor dör de haugen Baim.
Nu weihet männig welke Blatt
hendahl un legg sick up den Patt.
De Dage wäert nu kuott, baoll stigg
de Nacht haran, so swaor un swatt.

Slachtetied

Slachtetied! De Bosen mäck
all de wieden Paorten up.
Un ick segge ju, et smäck,
un et geiht harin in'n Swupp!
Is de Pann vull Möppkenbraut,
is't us alle nich binaut!
Un dann erst de fette Wuorst,
de giff ächternao wull Duorst. –

Frisk, män ümmer ut de Pann!
Kinners, haollt ju alle dran!
Sowat giff't sobaoll nich wier.
Söwst de aolle Kiäddenrüe
leckt sick siene lange Snut,
un he frätt sick ganz harut. –

Keller, Bosen sind nu vull.
Wät de Winter nao so dull,
uese Swienken hät sick slacht't.
Wi sind satt! Nu guedde Nacht!

Hiärfstwind

Wat stampt de Müell in'n deipen Grunn.
De Sturmwind singt sien Leed.
De Tied geiht düster, Stunn up Stunn,
all längst versunken is de Sunn.
De Baim verleist iähr Kleed.

De Hiärfst geiht üöwer't wille Land,
de Sturmwind singt sien Leed.
He päck dat Lauf met kaolle Hand
un streiet dahl up Wiesk un Sand,
wat he harunner reet.

De Dage gaoht nu fröh to Enn,
de Sturmwind singt sien Leed.
Nu rest't sick baoll de Buernhänn,
de Vüegel treckt nao'n Suden hen
un makt de Flittken breet.

De Sunn wät sieg, se sinket dahl,
de Sturmwind singt sien Leed.
He ritt de aollen Baime kahl
un mäck dat Feld so gries un fahl.
Brengt he baoll Snei? Well weet!

Dat Duorp in'n Snei

Et is ganz still. Nicks raiht sick mähr.
Du häörs nich es dien'n eegen Foot.
In witte Wulle steiht de Är,
de Hiemmel vull von Niewwelfloot.

De Hüskes häfft bis üöwer't Aohr
den witten Pelz un dukt sick dahl.
Se wäert nich wach vör't naige Jaohr.
De Baime staohet stief un kahl.

Nu kümp de Sunn dör't Wolkenlock.
De aolle Taorn kick schelmsk in't Land.
Dann slött he tweemaol an de Klock
met siene kaolle Isenhand.

Advent

Lucht an Lucht in dunkle Tied
steiht nu up, un Huoppen stigg;
denn de Christnacht is nicht wiet
un Advent ne kuotte Brügg.

Lucht an Lucht up grönen Kranz
straohlt harin in Naut un Striet.
Nu is auk de Wiehnachtsglanz,
Leiw un Liäben nich mähr wiet.

Sünte Klaos

Sünte Klaos met dicke Stiewwel
geiht dör deipen Snei un Niewwel,
drägg up siene Huckepack
sienen grauten swaoren Sack,
un de Ruprecht ächterhiär
slüört un driäget nao viell mähr.

Kind, büs du auk ardig wiessen,
kanns du biädden, schrieben, liäsen?
Dann geiht Sünte Klaos bi di
auk ganz wisse nich vörbi.

Häör, dor geiht et: bimmel, bimmel!
Dat is Sünte Klaos sien Schimmel.
Nu män hennig, 't is so wiet,
stellt ju ardig Siet an Siet,
un dann stimmt den hillgen Mann
es en düftig Leedken an.

De Hillige Aobend

Nu föllt de Snei up Land un Stadt,
de Aobend sinkt harin met Macht.
Nao Hus läöpp nu de wiede Patt.
Se kümp haran, de Hillige Nacht.

De Straoten still un week von Snei,
Latüchten gifft nu matten Schien.
Un Flocken fallt. Ne Melodei:
en Üörgelton klingt wiet un fien.

Dann kümp von'n Taorn en Klockenslag.
Ut kleine Fensters Kärßenschien.
Versunken is de helle Dag
un auk versunken Naut un Pien.

Un Friäden weiht met weeke Flucht
harunner up de arme Äer. –
En liesen warmen Schien. – Mi ducht:
gonk nich vörbi de leiwe Häer!

Wiehnacht

Wat in Naut un Elend steiht,
wat in Truer un Klage geiht,
hät nu Trost un Friäden.
Mensken, well bloß Arbeit kennt,
well in Hast un Ile rennt,
faollt de Hänn to't Biädden.

In de Hiätten fällt en Schien.
Härguott, kann dat müeglick sien,
sall de Leiwe winnen?
Christkind sprett't de Ärmkes wiet.
Steiht nich still de heele Tied?
't wäß en Lüchtken binnen.

't wäß en Lüchtken in de Siäll,
froh singt wi met Hiätt un Kiäll
in de hilligen Stunnen.
Ännert sick nu auk de Moot?
Stigg nu endlicks hillige Gloot,
hät de Leiwe wunnen?

Herlinde Held 76

Winter

Tobuten weiht de Winterwind,
tobuten brust de Sturm äs wild.
Wo geiht he hen, de wille Wind?
Dat bruust un raost un rohrt un brüllt.

Dor fiägt he wäg, wiet üöwer't Land,
haug in de Höcht in'n Kringelkranz.
He schüff met siene breede Hand
De Wolken wäg. – O Sunnenglanz!

Du Wintersunn in siege Pracht,
kuott is dien Wäg, swack diene Kraft.
Baoll stigg so kaolt un gries de Nacht,
et früß de leste Liäbenssaft.

Up'n Kiärkhoff

Üöwer de stillen Griäwer
fällt ganz sacht de Dau.
Bi de dunklen Griäwer
steiht eensam ne bleeke Frau.

Kneiet dahl an den kaollen
witten Liekensteen.
Bi de dunklen Griäwer
grinnt se lange ganz alleen.

VI
För graute Diers

Gedichte sind äs Blomen,
de blaiht an rugge Straot.
Se könnt to Hiätten küern
un finnt dat rächte Waort.

Gedichte sind äs Duwen,
de fleigt in't Hiemmelsblao.
Se driäget uese Draimen
nao Moder Sunn hento.

Gedichte, häfft se Liäben,
griept deip in Hiättensgrund.
Se maket heel un biätter,
wat bruocken was un wund.

Dat Schönste geiht to Enne

Wat büs di daor, du kleine Hiätt,
du wuß dat Liäben twingen.
Wat all to schön was, dat vergiätt;
du kanns nich ümmer singen.

Wat büs du daor, mien leiwe Siäll,
du wuß de Leiwe winnen.
Dat Lauf in'n Busk, et wät all giäll,
kanns kinnen Krans mähr binnen.

Nu si tofriä, du daore Mann,
dat Schönste geiht to Enne.
Bloß well nich Afscheid niehmen kann,
bliff trügg met lierge Hänne.

Dat Liäben sall di blieben

Wat dat Liäben di auk bütt,
eenmaol fällt et von di af.
Klein wät, wat di viell bedütt,
steihs du dicht vör't swatte Graff.

Retten kanns du bloß dat een,
wat du söwst in Leiwe giebben!
Kanns du dat, is't Stiärben schön,
un dat Liäben is di bliebben.

De Tied

Liese slick de Biäck dör'n Busk,
Wellenspiell in'n Sunnenbrand.
Dör de Finger laot ick glie'en
in Gedanken witten Sand.

Un so glitt de schöne Tied
Well up Well an mi vörbi.
Wu dat Aolle hennig fällt!
Hennig wät wier alles nie!

Un dat Niee wät wier aolt,
geiht dann met de Tied bisiet.
Endlicks kümp de Rieg' an mi.
Is dat naige, is dat wiet?

Slaoh nicks kaputt!

Mak, wat du wuß, de Welt geiht rund,
du häölls se wiß nich fast.
Un wät dat Liäben di to bunt,
du büs hier auk män Gast.

Drüm swieg nett still, un denk dien Deel,
un drink dien Schäölken ut.
Slaoh nicks kaputt, dann blieff viell heel,
un jeder di vertrut.

Un is't dann Tied, dann segg dien Waort
bedächtig un met Üöwerlag.
Haoll alltied Raot un Helpen praot,
dann fiers du guett den jüngsten Dag.

Wild is de Welt

Wild is de Welt allümmer west.
En jeder baut met Strauh sien Nest.
Un ritt de Naohber 't uteneen,
dann smiet 't de Lüde Steen up Steen.
Wild is de Welt allümmer west:
Well günnt den annern wull sien Nest?

Wild was de Welt to alle Tied:
De Mensken könnt nich aohne Striet.
Un häöllt en Mann von Hiätten Friä',
em kümp ne Twiärsbrak in de Quiär.
Wild was de Welt to alle Tied.
De Mensken könnt nich aohne Striet.

Süh di vör!

Süh di vör, et kümp en Dag,
wo de Sunn di unnergeiht.
Un kinn'n nieen Muorgen steiht
ächter düssen lesten Dag.

Süh di vör, et kümp de Tied,
dann mätt di de Timmermann
auk ne kleine Kammer an,
un du büs dien Iärwe quiet.

Süh di vor, dat geiht so gau.
Jäöhrkes, aoch, de fleigt so rask,
leggt dat Liäben all in Ask.
Süh di vör, et geiht so gau.

De Kunst

Wat häff't de Mensken druck!
Se driäget iähren Puck
un könnt d'r nich von af.
So slüört se dör de Welt
de Arbeit un dat Geld.
Kieneen geiht frie an'n Wannerstaff
un legg sick risk in't köhle Graff.

Wat häff't de Mensken suer!
Dat Glück is kuott von Duer,
dat Lachen is män raor.
Un doch giff't Hiätten froh,
de freit sick ümmerto.
Se makt sick kinne griesen Haor.
Un glaift, de Kunst is gar nich swaor.

Gedanken

Wolken fleigt an'n haugen Hiemmel,
un de Wind driff wiet iähr wäg.
Wolken sind auk de Gedanken
in de Nacht, äs ick di segg.

Liggs du aohne Slaop de langen
Stunnen in de Küssens wach,
jagt de Wolken, jagt Gedanken,
leiger, äs bi hellen Dag.

Schreckske Beller, wille Spöke
slieket sick an diene Stiär.
Büs du wach, of moß du draimen,
ümmer tüht ne Wolk daohiär.

Dat Beste

Laot di nich dat Beste stiällen!
Ann're seggt: »Wat wuß di quiällen?
Mak di doch en guedden Dag!«
Weeß nao wull, well düt us sagg:
»Well to mi häört, drägg sien Krüüs
jüst äs ick.« Un glaif, umsüss
is kinn Leed in düsse Welt,
wenn't sick em to Föten stellt.

Nacht

Kümp de Nacht, legg af den Dag,
kümp de Nacht, sök Ruh un Rast.
Wat dat bunte Liäben sagg,
is dann stumm met eenen Slag.
In de Nacht Gedanken waßt,
de in düsse Welt nich paßt.

De smalle Brügg

Liäf dien Liäben, äs du wuß,
alles kümp wier trügg!
Pack di män nich all to vull;
denn et is ne smalle Brügg,
de in't annere Liäben geiht.
Drägg bloß för de Ewigkeit.

De aolle Tied

De aolle Tied, wo is se hen?
De aolle Tied, wo bleef se denn?
Se gonk ganz sacht ut't Land.
Well hät se dann nao kannt?
De Aollen gaoht auk met de Tied,
de niee Tied schüff se bisiet.
De aolle Tied is längst vergaohn.
Vandag, well kann se nao verstaohn?
Well grinnt iähr nao in Träönennaut?
De Aollen! Doch se gaoht baoll daut.
Dann büs vergiätten, aolle Tied.
Dann büs du us so färn, so wiet.

Veriärben

Liäben
moß du veriärben!
Nich Tüüg un Plunner.
Dat geiht unner!

Gerechtigkeit

Gerechtigkeit,
dat is en räörig Krut.
Wo de nao blaiht,
dor häöllt man't Liäben ut.

Naohberschopp

Well en guedden Naohber hät,
wenn de Naut vör't Fenster steiht,
drägg dat Leige half so swaor.
Wo nao Hiätt to Hiätten geiht,
Hand to Hand un Hölp to Hölp,
äs in aolle guedde Tied,
is de Mensk von Hiätten guett.
Naohberslü staoht Siet an Siet.

Bedenk

Nu laup doch nich so dull.
Du kriggs de Schüer nich vull,
un wenn se biärssen soll.
Wat breng wi dann bineen?
Bedenk, et is män een,
de mäck de Hiättensschüern proll.

En Raot

't giff Mensken, de müett't ümmer strieden,
de könnt den Friäden wull nich lieden.
Laot düsse Sorte di ut't Spiell,
daomet gewinns du siecker viell.

Vandage

Vandage büs du junk of aolt,
un muorgen büs du aolt of daut.
Wat gistern was, is lang vergiätten.
Un doch, et giff d'r Hiätten,
de bliewt nao warm in Angst un Naut,
nich Daud of Aoller mäck iähr kaolt.

To't Naodenken

Moß dat Liäben män geneiten,
moß up allen Iärger fleiten.
Ower denk an't leste Stünnken,
wenn es sinkt dien Liäbenssünnken.
Drief't siliäwe nich to dull,
un pack diene Schüern vull;
denn du weeß, nich jede Daut
is en güllen Aobendraut.

VII
För kleine Dierkes

So, äs all de Beller kaimen
sank ick sacht in't wiede Draimen.
Un ick was so wiet, so wiet
in de siälge Kinnertied . . .

Up'n Balken

Up'n Balken tüsken Plunner
foll mi nülick, wat'n Wunner,
wier dat Bööksken in de Hand,
't Bellerbook ut't Kinnerland.

Dubbelt wull de Sunne löchten,
liese steeg de Stoff tohöchten.
Ick haoll't lange in de Hand,
't Bellerbook ut't Kinnerland.

Alles fonk nu an to liäben:
Wichtelmännkes, Zauberwiäben,
Hans in't Glück un Knuspermuus,
Hans un Greit in't Hexenhuus.

So, äs all de Beller kaimen,
sank ick sacht in't wiede Draimen.
Un ick was so wiet, so wiet
in de siälge Kinnertied.

Aobendstünnken

Miesekättken in de Sunn
sitt un kick,
of't nich wat to spiellen giff.
Äs nu alles rühig bliff,
putzt et sick un slick
üm de aolle Watertunn
nao de Bank an'n Linnenbaum.
Beßmoer sitt dor – se is blind –,
drömmt en aollen Kinnerdraum,
süht sick sölwer wier äs Kind,
gnööchelt mankst in iähren Draum.
Stricktüüg sank iähr lanksam dahl.
Dicht to Föten ligg dat Knüll.
Iähr Gesicht is bleek un fahl.
Up de witten Haor ligg still
nu de Aobendsunnenschien. –
Miesekättken süht dat wull,
män nu kann't nich rühig sien.
Ne, dat Klüggen mäck em dull!
Liese up de Pötkes, liese
hukt et dahl up Kattenwiese,
luert, lustert, sitt ganz still. –
Dao! Met eenen Sprunk an't Knüll,
dat de Fahm män bloß so flügg.
Kättken dreiht sick dull in'n Kranz,
Klüggen, Stricktüüg rund in'n Danz
springet met. Beßmoer schreckt trügg!
Miesekättken is verschrocken,
hät sick ächter'n Baum vertrocken.
Dör de Linne weiht de Wind.
Beßmoer gnööchelt äs en Kind.

Miesekättken

Miesekättken stonn to kieken:
»Giff't nich wo ne fette Mus?
Män, wat sin ick hier to slieken?
kiek doch es in't Hus!«

Ei, süh dor, kineen in'n Stuoben!
Dat päß sick jä vlicht ganz rächt.
Steiht dor nich de Miälkpott buoben?
Ei, de rück nich slächt!

Un met eenen Satz springt Kättken
un probeert den söten Smand.
Oh, herjeh, dor kümp jä Settken,
Liäppel in de Hand!

Kättken stött dat witte Näppken
bautzdi! up den Grund.
Settken giff em gau en Kläppken:
»Dat is doch to bunt!«

Miesekättken slick sick liese
ut de Küeckendüör harut.
Un nu fänk et wier Müse,
doch met kruse Snut.

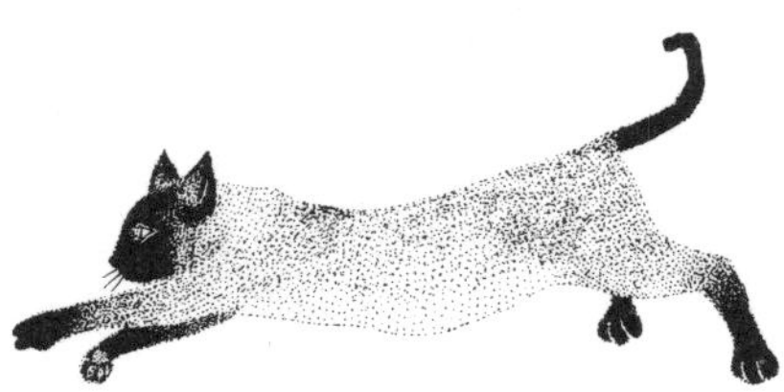

Liäbenslaup

Kälfken sügg de söte Miälk,
gnäbbelt dann in't friske Gräs,
kann de Beenkes kum regeeren,
ower paß män up, et wäß!

Baolle is et all half graut,
griäset lanks den grönen Kamp.
Un nich lang', dann is't ne Koh.
Paß män up, dat geiht in'n Damp!

Eenes guedden Dages steiht
wier en Kälfken bi de Koh,
sügg de Miälk un gnäbbelt Gräs,
springt dör Blömkes licht un froh.

Fiärkskes

Diätteihn Fiärkskes sitt't in't Strauh,
diätteihn Fiärkskes kiekt so glau
ut de Swienelüchtkes.
Acht Jungens un fief Wichtkes.

Sind so propper un so blank,
ganz gesund; kinn een is krank.
Quicklebennig sind se all,
alle diätteihn in den Stall.

Segg, well wosk ju all so fien?
Giff't dat wull, so propp're Swien'?

Mester Iegel

Mester Iegel ächter'n Tuun
stäck den Snüffel dör dat Gräs.
»Is de Luft nu endlicks rein?«
frögg he sick met kruse Bles.

Uese Teckel ower schütt
up em to in vulle Jagd.
Mester trock sick gau ineen.
Dat har Waldmann sick nich dacht.

In de spitzken Borsten stött
he sick blöderig de Snuut,
snüff sick es un geiht nao Hus.
Un dat Spiell is ut.

Pile-Entken

Pile-Entken stonn an't Water,
piek, piek, piek.
Sleek haran de leige Kater,
sliek, sliek, sliek.

Pile-Entken saog em duken,
pile, pile, pile,
saog de grönen Augen tucken
all ne ganze Wiele.

Pile-Entken, rask in't Water,
een, twee, drei!
Kick, dor springt de griese Kater!
Eenerlei!

Pile-Entken, dukt den Snawel,
pile, pile, pile,
in de Floot un fänk en Kawel.
Hät jä kinne Ile.

De Poggemann

In Friäckenst, dicht bi't fiene Sloß,
dor satt en Poggemann.
De dach, dat lange noog he woß,
dat he nu wull an't Friggen moß,
un dach: »Wu fang ick't an?«

Hier giff't wull Fleigen üöwerall
för mienen grönen Buk,
so viell, ick fang se gar nich all!
All' Dage friätt'k mi stramm un prall
un legg mi unner'n Struk.

Doch, Kinners, nee, mi feihlt ne Brut
an miene gröne Siet.
Ne däft'ge Därn met breede Snut,
dat ick se in de Poten slut,
dann sin'k de Suorgen quiet.«

Doch leeder wull de Poggmamsell,
de he nu frogg, nich dran.
»Di niehmen?« lachede se hell,
»blief du mi män von't gröne Fell,
ick bruk nao kinnen Mann!«

Bautz! In de Schoh sank em de Mot,
em bleef nicks mähr to huoppen.
He sprank faorts in de Waterflot.
To't Glück swamm nao sien Ächterfot,
süss wör he ratz versuoppen!

Klein Lisebeth

Klein Lisebeth will danzen!
Wat weigt se all de Knei!
Ei, Lisebeth, nu danz us wat
met heißa un juchhei!

Klein Lisebeth will danzen,
dat Röcksken wippt all up.
Ei, Lisebeth, nu danz us wat
met heißa un juchhup.

Klein Lisebeth döht danzen!
Nu kiek, wat geiht dat flink!
Wat weigt de Knei, wat wippt de Rock,
wat dreiht sick nu dat Dink.

Klein Lisebethken! Danzen
döhs för dien Liäben gärn.
Un büs du graut, von Moders Schaut,
ne söte, fiene Därn,

dann, Lisebethken, danzen
will met di jedereen.
Män eenen söchs du ut un geihs
met em üöw' Stock un Steen.

Weigenleedken

Slaop, mien Kind,
Nu steiht de Maon
graut un klaor an't Hiemmelstelt.
Slaop, mien Kind,
un laot em gaohn
üöwer düsse stille Welt.

Slaop, mien Kind.
de Stärnkes staoht,
kiekt harunner dör de Baim.
Slaop, mien Kind.
Wi alle gaoht
met in diene schönsten Draim.

Slaop, mien Kind;
denn Moders Leiw
is bi de de heele Nacht.
Slaop, mien Kind. –
Kiek an, ick glaif,
Kindken slöpp all week un sacht.

An Sünte Klaos

O Sünte Klaos, du hillige Mann,
doh mi doch nich vergiätten!
Ick bidde di, gaoh nich vörbi,
wi häfft di leif von Hiätten!

Ich stell den Teller für die praot
un Swattbraut für den Schiemmel.
Et is nao frisk un gistern kofft.
Sowat giff't nich in'n Hiemmel.

Nu kiek, wi sett't den Teller up,
äs wi dat alltied moken.
Nu doh en auk för alle Mann
vull Appeln, Nüett un Koken.

VIII
Allerlei Quinten

So is't

Wat is dat Liäben aohne Geld,
wat is de Buer aohne Feld,
wat is de Sunne aohne Gloot,
wat de Kommode aohne Foot?
Wat is de Krankheit aohne Pien,
wat is dat Rhienland aohne Rhien?
Ick will di't seggen: et is jüst,
äs wenn du, Wicht, nich bi mi büst.

Drinksprüeck

Well achtzig Jaohre drinket Wien,
de kann met siebbenzig daut nich sien!

*

Wat nützt di all dat vielle Geld,
wenn't up de hauge Kante ligg?
Wat dör de Kiälle flütt, dat gellt,
wenn't ächternao in't Köppken stigg!

*

En munteren Sinn
un en guedden Wien
de söllt hier alltied
bineene sien!

*

Wenn du drinkes, doh't met Maot,
wenn du süpps, dann met Verstand.
Stüöttendick up Wägg un Straot,
ligg man wanners an de Kant!

*

Slaopen, iätten supen,
täömiggaohn un pupen,
wenn dat allbineene häs,
büste unner Rentnerstress.

En Pöttken Beer, en Gläsken Fuesel,
so wesselwiese ümmerdüör,
dat brenget di in schönsten Duesel,
de häöllt bis annern Dages vüör!

*

Von't vielle Supen küert se wat,
von mienen Duorst kineen.
Doch düssen Duorst häff ick apatt
Guott Dank doch nich alleen!

*

Met Drinken fänk dat Liäben an,
dat moß du nich vergiätten.
Erst slüört man di de Pulle an,
erst dann giff't wat to iätten.
So is et! So gewüehnt man sick
an't Püllken un an't Sluken,
un met de Tied wätt man auk dick
bi Pullen, Glas un Kruken.

*

En Snäpsken un ne wackre Därn
to't Supen un to't Gnagen,
de häff ick ganz besonners gärn
för't Hiätt un för den Magen.

*

En Pülleken Kluck un dann en junk Wief
sind alltied de schönste Tiedverdrief.

Fröh muorgens en Gläsken,
to't Teihnührken twee.
Daotüsken doh'k mi met Tellen nich weh!

*

O glücklick, wessen Arm umspannt
en Schinken ut Westfaolenland.
Doch vull un rund is erst dat Glück,
wenn man daobi en Püllken slück.

*

Et drinkt de Mensk, et süpp de Koh.
Bi us dao geiht't jüst anners to.
Ick segge di, dat mäck de Duorst,
un de kümp mehrstied ut de Wuorst.

*

Wat is de Fuesel doch'n Schiet!
Slaoh'n di wägg, dann büs'n quiet!

*

Mien leiwe Kluck, o Här, o Här,
nu sök di en schön Plätzken ut.
Ick segge di, et kuemmt nao mähr
un quettet sick dör miene Snut.

Von't Friätten

Well viell un gärne ätt
un vergätt,
dat man nich liäft för't Iätten,
de is all ratz verfriätten!
Un dat si wiß: up so en Mann
kanns far nich an!

Apenkösters

Apenkösters giff't genoog,
mähr äs Bliädder an den Twoog,
mähr äs Griäser up'n Wall,
un man kennt iähr gar nich all.

Wat in düt Book in steiht

Dat leiwe aule Platt ...

Plattdeutsche Hausapotheke für vergnügliche Westfalen

Kiek süh's Plattdeutsche Hausapotheke für vergnöglicke Westfalen enthält viele alte und bewährte Hausmittel gegen allerlei Zeitkrankheiten: Lachpillen gegen Trübsal und Unlust, Schmunzelbalsam zum Glätten der Kummerfalten, Kicherteee oder Heiterkeitstropfen zur allgemeinen Belebung. Und die rezeptfreien Dönekes und heiteren Geschichten aus der guten alten Zeit wirken sofort.

Fritz Steinhaus, den man heute schon zu den Klassikern der plattdeutschen Literatur Westfalens zählen kann, hat auf seinen Reisen durch die Lande in Dörfern und Wirtshäusern, auf Landstraßen und Bauernhöfen über zwei Jahrzehnte gesammelt und notiert, was „das Volk" erzählte, worüber man sich freute und herzhaft lachen konnten.

Unverfälscht und ohne literarische Schnörkel, eben so echt, wie die Geschichten am Stammtisch erzählt wurden, hat Steinhaus sie zu Papier gebracht und den Reichtum der westfälischen Mundart an Lebensweisheit und Klangfülle zur Freude vieler Westfalen überliefert.

In allen Buchhandlungen
oder beim Verlag Güth + Etscheidt, 4840 Wiedenbrück

Augustin Wibbelt

Gesammelte Werke in Einzelausgaben

Nun haben wir ihn wieder, unsern ganzen, geliebten Wibbelt! Den übermütigen Schalk der Drüke Möhne- und Windhook-Schwänke, den Meister der ernstfröhlichen wie der ernsterschütternden Geschichte, der Novelle wie des Romans, und den noch viel zuwenig gekannten, feinsinnigen, gemütstiefen Versdichter, der mit einigen seiner großen Romane wie mit vielen seiner Poesien zum großen niederdeutschen Schrifttum gehört. *Prof. F. Wippermann*

Drüke-Möhne
Lustige Geschichten
in münsterländischer Mundart
von Amanda, Klüngelkamps Vader
und anderen

Schulte Witte
In de Stadt
Roman aus dem Münsterland

Schulte Witte
Trügg up't Land*

De Pastor von Driebeck*

Windhook*

Dat veerte Gebott*

*erscheinen 1985

Weitere Bände in Vorbereitung

In allen Buchhandlungen oder beim
Verlag Heckmann / Güth + Etscheidt, 4840 Wiedenbrück